ALFAGUARA

ALFAGUARA

SÍ, POESÍA

D.R. © Del texto: Gloria Sánchez, 2005
D.R. © De las ilustraciones: Patricia Castelao, 2005
D.R. © Santillana Ediciones Generales, S.L., 2005

D.R. © De esta edición:
Santillana Ediciones Generales, S.A. de C.V., 2008
Av. Universidad 767, Col. Del Valle
03100, México, D.F.

Alfaguara es un sello editorial del Grupo Santillana.
Éstas son sus sedes:

ARGENTINA, BOLIVIA, CHILE, COLOMBIA, COSTA RICA, ECUADOR, EL SALVADOR,
ESPAÑA, ESTADOS UNIDOS, GUATEMALA, MÉXICO, PANAMÁ, PARAGUAY, PERÚ,
PUERTO RICO, REPÚBLICA DOMINICANA, URUGUAY Y VENEZUELA.

Primera edición: enero de 2008
Primera reimpresión: abril de 2008

ISBN: 978-970-58-0195-2

Impreso en México

Sí, poesía

Gloria Sánchez

Ilustraciones de Patricia Castelao

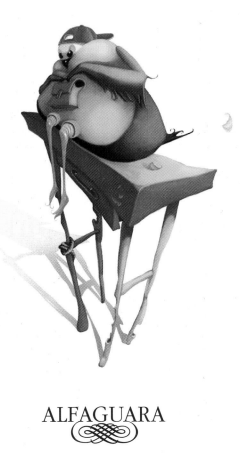

ALFAGUARA

MARIPOSA

Mari Sopa
se atiborra
de pasteles
de las rosas.

Mari Pesa
ya no puede
levantarse
de la mesa.

Mari Pisa
va sin prisa.
A los bichos
les da risa.

Mari Piensa
Cenicienta
va y se sienta.
Se lamenta.

Mari Pasa
ya está harta;
se desprende
de sus alas.

Mari Súper
gordinflona
hace surfing
en la hoja.

En la cresta
de la ola
aventurera...
Marinera.

Eco de estrellas

Una noche, una estrella,
ella
se asomó al balcón del cielo
¡cielos!,
dio un traspiés y se estrelló.
¡Oh!

Contaba estrellas la Luna
una
dos y tres... me falta alguna
una
de todas la más traviesa
ésa.

Desplegó su catalejo
lejos
y la encontró aterida
ida
entre unos bastos yerbajos
bajos.

Cometa de larga cola
¡hola!
Estrellita viajera
era
se me ha caído una estrella
ella
y muy triste me dejó.
¡Jo!

Fue a por ella a toda prisa
risa
la arropó con su cabello
bello
la dejó de nuevo en casa.
¡Pasa!

La Luna, cuarto menguante,
guante
la abraza contra su seno,
heno
y en su cuna la menea
¡ea, ea, ea!

En el cielo, a los traviesos,
besos.

Mosquito

Mosquito,
chiquito
inquieto.
¡Mosquieto!

Fastidioso,
escandaloso
traidorzuelo.
¡Mosquieto!

Chupasangres
diminuto
me vigilas.
Vampirillo
me hincas
tu dardillo
envenenado...

¡PLAF!
¡Qué paz!
Mosfrito.

LETRA "Z"

Si la Z no existiera
la trenza sería trenca,
el mozo sería moco,
el pozo sería poco,
la pizza sería picca,
la loza sería loca,
la cazuela, una cacuela
y el tazón sería tacón.

¡Ho! Gracias Z,
porque no peino mi trenca,
que no tengo un novio moco,
ni saco agua del poco,
ni me sirven una picca
en una bandeja loca,
ni cocino en la cacuela,
ni tomo leche en tacón.

Letra última, olvidada...
Muchas grazias.

Nubes de nieve
nubes de agua
nubes inciertas
grises y blancas.

Son pensamientos
que se me escapan
y allá en el cielo
se desparraman.

Las de tormenta son nubes-rabia.

Las más hinchadas
y perezosas
son nubes bobas,
presuntuosas.

Otras son sueños
como montañas.

Otras, historias
que entre los dedos
se me resbalan.

Las nubes bajas, hambrientas de
colores
que borran los caminos, los verdes,
las cerezas,
los coches amarillos, las vacas, los
olores...
Ésas son nubes pachuchas de
tristeza.

Amor escolar

Don Lópiz le escribe
cartas de amor
a Doña Libereta.
¿Y quién se las lleva?
¡La cartera!

Han concertado una cita
sobre la mesa del niño.
Ella se pone pinturas,
él se afeita el bigotillo.

El encuentro se produce
en un dulce torbellino.
Él le dibuja una casa,
con un árbol y un camino.
Ella le abre las puertas
como una flor de domingo.

Y ahora un mar
y un velero
dónde quepamos los 5.

Escribe pezes, gabiotas,
te kiero, siempreguntitos...

En la esquina de la mesa
un juez aborrecido: la Goma.
Se entremete entre sus besos
sembrando silencios limpios.
Corrige, borra, endereza,
ante la falta se irrrrrita...

No sabe que Amor no sigue
dictados de Gramatíca.

Debajo
de este gorrito
de gasa blanca
y sedán
está
el lobo rufián
esperando por
la niña, por la cesta
y por la piña. Está
el feroz tragaldabas
ESPATARRADOENLACAMA

CALENDARIO

Vuelan como gaviotas
las hojas del calendario:
Enero, Febrero, Marzo.
Tras ellos planean juntos
Abril con Mayo y con Junio.
Alto, alto, no se vuelven,
Julio, Agosto y Septiembre.
Se detiene en una nube,
Octubre.
Espera por el siguiente,
Noviembre,
y se retrasa el de siempre...
   ¡¡¡Diciembre!!!

Se ha puesto como un boliche
de turrones y confites.
No consigue alzar el vuelo.
(Se impacienta el Año Nuevo.)

BRUJA EN EL SÚPER

Póngame un ajo
póngame un ojo
póngame un kilo
de pelo de lobo.

Una cebolla
un cebollino.
Póngame un kilo
de patas de grillo.

Un cucurucho
de cucarachas.
Póngame un kilo
de queso podrido.

¿Tiene serpiente?
Póngame un diente.
¿Tiene babosa?
Cuatro filetes
y una gaseosa
si es venenosa.

La bruja empuja
el carrito de la compra.
Sonríe la cajera...
¿Con dinero o con tarjeta?
VISA SAPO.
Se la paso. ¡Churrí... Churrí...!
No tiene fondos. ¡Ni una peseta!
¡Qué desvergüenza!

CAPIROTITA ROJA

Capirotita
    Roja
    es duendecilla.
    Es muy anciana,
    parece niña.

    Capirotita
    Hoja
    juega en el bosque
    con las cigarras,
    las mariquitas,
    los saltamontes.

Capirotita,
hija,
dice su madre
ve a llevarle
miel a tu tía.

Capirotita,
¡ojo!,
ve con cuidado;
han visto ratas
cerca del lago.

Capirotita
moja
su dulce cara
con el rocío
de la mañana.

Capirotita
baja
por un sendero
cuando una rata
sale a su encuentro.

Fea, menea
su rabo grueso.
Su parda panza
llega hasta el suelo.

—Capirotita,
maja,
dame un besito.
Dame la miel
de tus labios finos.

Capirotita,
bruja,
toca un silbato;
mil abejorros
llegan volando.

Capirotita
dijo:
-Rata Pelleja
toma besitos
de las abejas.

TE ESCRIBIRÉ UNA CARTA

Te escribiré una carta
con tinta verde
para que venga el viento
y se la lleve.

Te escribiré una carta
con tinta roja
para que venga el gato
y se la coma.

Te escribiré
una carta
con tinta CHINA
pala cuando la leas
te dé la lisa.

Escuela de Pajaritos

Rieseñor
es profesor,
tiene una escuela
con Estorniños.

El Herrerillo
escribe notas
con un martillo.

El Carpintero
pica el pupitre
del compañero.
        -Rojo de enojo
         el petirrojo-

El Colibrí
es chiquitín,
liba el salmón
de don Martín
el pescador. ¡Gorrión!

Golón Dorina,
Caná del Río,
Abú Hebilla,
Perico Quito.

Cuco Cuclillo
ha puesto un huevo
en la sillita
del Reyezuelo.

¡Don Gil y Guero!
¿Sabe la tabla de Sol?

Sol por una...
Sol por Do...
Sol por Re... ¡No me acuerdo!

De pronto el aire
estalla en trinos,
salpica vuelos.
¡Pajaritos al recreo!

Voy a dibujar un mundo

Voy a dibujar un mundo,
Tan pequeño,
Tan pequeño
Que sólo me quepan tres:
Un niño,
Una niña
Y un pez.

Si se quiebra y desbarata
Lo intentaré otra vez:
Un niño.
Una niña
Y un pez.

Este libro terminó de imprimirse en abril de 2008 en
Grupo Caz, Marcos Carrillo núm. 159, Col. Asturias,
C. P. 06850, México, D. F.